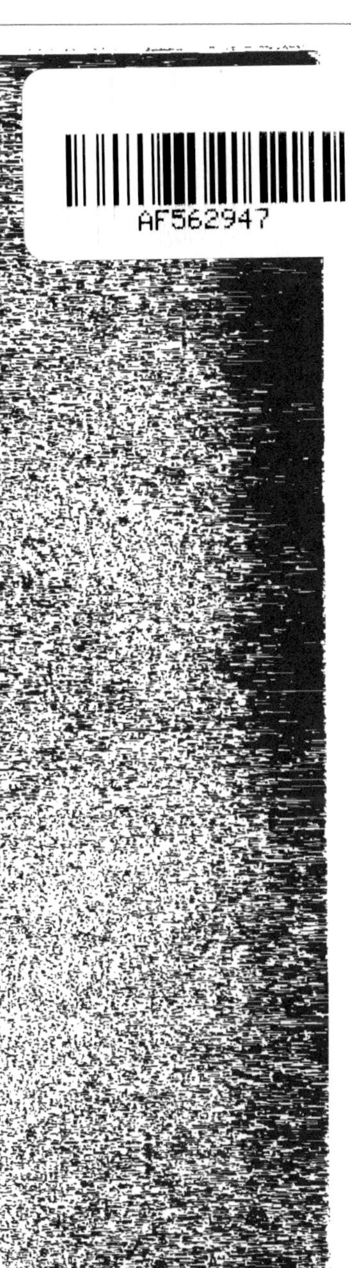

DEUX MOTS ENCORE

A PROPOS DE M. L'ABBÉ AUBER.

Qui peccat, sibi ipsi peccat.
SENEC.

C'est à regret que je me suis une première fois occupé de M. l'abbé Auber; c'est à regret que je m'en occupe une seconde. Je ne le connais pas, il ne me connaît pas, et nous avons mieux à faire l'un et l'autre que de pourvoir aux distractions du public. Cependant, il faut que je m'occupe encore de M. l'abbé Auber; je ne puis accepter comme réponse ce qu'il me donne pour tel.

Dans la lettre que j'ai mise à son adresse, M. l'abbé a trouvé des fautes de français.

Premièrement, sans parler de la tournure : *plus de* soixante *au moins*, M. l'abbé voudrait-il nous dire ce que vaut en français, quand on la construit à plaisir, la phrase : *quelques* fautes dont un livre *fourmille* (1)? *Quelques*, mis pour *beaucoup*, peut faire une ironie sans aucun doute, mais à condition qu'un mot comme celui de *beaucoup*, ou de *fourmiller*, qui renferme la même idée, ne viendra pas se placer aussitôt après, et en regard. Là où il y aurait finesse à sous-entendre, il y a maladresse à indiquer, surtout à gonfler l'indication : et si vous accolez deux mots à effet de telle sorte que la force de l'un ne vienne que pour détruire le demi-mystère auquel vise l'autre, ou l'ombre que laisse le premier, pour voiler l'éclat cherché par le second, est-ce là l'esprit que demande La Bruyère pour bien écrire? Si l'un de ces mots m'appartenait, M. Auber, en apportant l'autre, eût pu chercher l'ironie dans le contraste; mais, en essayant de deux rôles là où il n'en pouvait avoir qu'un, car il était on ne peut plus libre dans l'évaluation qu'il voulait faire de mes fautes, à quoi est arrivé M. Auber, sinon à ne pas conserver de rôle du tout? Il y a loin de l'esprit à la prétention à l'esprit. Faites donc de l'esprit, M. Auber, si vous pouvez; mais, de grâce, ne détruisez pas celui que vous faites. Il n'en est point absolument besoin.

En second lieu, comme je ne suis pas en même temps écrivain et prote, M. l'abbé eût pu demander à son imprimeur, qui a été deux fois le mien, s'il m'a rien imprimé qui fût absolument pur de fautes de français, ou à qui appartenaient ces fautes; et je lui demanderai moi-même, à M. l'abbé, s'il s'engagerait, à cent lieues de distance et à la condition de ne voir ses épreuves qu'une fois, à imprimer 56 pages sans fautes, surtout si son manuscrit devait subir une

(1) *Essai de Critique....*, p. 39.

1842

autre condition imprévue, celle d'une copie qu'il ne vérifierait pas?

Mais j'ai dit : *qui plus ou pis est*, et ceci n'est l'affaire ni de l'imprimeur ni du prote.

On dit, je crois, en français : *qui plus est*. Je crois qu'on dit aussi, ou qu'on peut dire sans trop forcer l'analogie : *qui pis est*, car il n'y a pas encore huit jours que j'ai trouvé, dans le journal le *Siècle* : *qui mieux est*. Dans la locution : *qui plus ou pis est*, qu'est-ce donc qui ne serait pas français, la conjonction *ou* qui lie les deux idées? Cette locution peut sortir du dictionnaire de M. Auber; mais tout ce qui en sort cesse-t-il d'être français par cela seul?

M. Auber me reproche des solécismes. M. Auber m'a paru entendre assez modérément le mécanisme de la pensée pour pouvoir faillir sur celui des mots; sa littérature peut être au niveau de sa théologie sans qu'il y ait beaucoup à en craindre, et je crois me souvenir que, du vivant de Racine, un homme dont, sans cela, le nom n'eût peut-être point passé à la postérité, relevait près de deux cents fautes de français chez le favori de Louis XIV, comme, de nos jours, nous avons vu adresser plus d'une mercuriale à M. Ste-Beuve ou à Victor Hugo. Ce qui est arrivé au bois vert, peut bien arriver au bois sec; les critiques qu'on n'a pas épargnées à nos plus grands poètes, on peut bien ne pas me les épargner, à moi qui ne suis pas poète du tout, sans que cela tire davantage à conséquence. Toute accusation n'emporte point nécessairement une condamnation, surtout quand ce sont certaines gens qui accusent. Je suis loin de me croire infaillible, et en particulier quand j'écris avec aussi peu de prétention que j'en ai mis à écrire à M. Auber; mais, pour me laisser condamner sur parole, il me faudrait une autorité, et, à moins de beaucoup de titres qui me sont inconnus, je n'imagine pas que M. Auber vise à un fauteuil académique. En conséquence, je regrette, et beaucoup, qu'au lieu de se borner à me dire qu'il m'était échappé des solécismes, M. Auber, qui se montre en tout si riche de preuves, n'ait pas eu le temps de m'en administrer ici quelques-unes; j'aurais pu les discuter. Forcé de m'en tenir aux assertions de M. Auber, je lui dirai : quant à mes phrases *obscures*, que l'obscurité peut venir de deux sources fort différentes, et même de trois; quant à mes tournures *barbares*, que la barbarie d'une langue dépend un peu du point où l'on se trouve, et que le pôle de la langue française ne me paraît pas être nécessairement le point grammatical et philosophique où se trouve M. Auber; quant aux *ingénuités à effet*, qu'il suffirait peut-être de M. l'abbé Auber pour que je ne pusse m'en attribuer le monopole; quant aux *répétitions*, qu'il y a des gens, et notamment M. Auber, à qui certaines choses ont besoin d'être dites plus d'une fois; et, quant aux *interrogations*, que la langue française, et toutes les langues même, je crois, les tolérant, elles ne constituent point nécessairement une faute de langue. Je ne sais pourquoi j'incline à croire que M. Auber lui-même n'eût pas été si importuné des miennes si elles l'avaient moins embarrassé, et qu'il m'eût trouvé moins fatigant si j'avais été plus discret.

Lorsque j'ai dit : une *remarquable œuvre*, au lieu de dire : une *œuvre remarquable*, peut-être avais-je en vue le reste de la phrase, et, après tout, il n'y a point là de consonnance qui ne puisse se supporter.

Pour la consonnance moins agréable de *irréfragable acte notarié*, ou l'hiatus de voué *à* assez d'opprobres, ou même les *que* dont, en certains endroits, ma lettre à M. Auber pourrait être moins fournie sans inconvénient, outre que ce n'est point moi qui ai été chercher un *acte* à la charge de Calvin; que ce n'est pas moi qui en ai parlé comme d'un acte *notarié* ni d'un acte *irréfragable* (1), et que je défierais M. Auber de combiner ces trois mots sans tomber dans un hiatus encore ou dans la construction dont il se plaint, ou sans nuire à la pensée plus qu'il ne servirait l'arrangement des mots, je concevrais les critiques de M. Auber si j'avais présenté une pièce de vers aux jeux floraux ou à toute autre académie; mais, je le répète, au train ordinaire de la plume de M. Auber, je ne me serais jamais douté qu'en m'adressant à lui je dusse nécessairement avoir affaire à des oreilles d'académicien, et je n'en suis même pas convaincu encore; je m'estimerais fort heureux d'avoir rencontré celles d'un logicien. *Logica est utilis*, comme dit très justement M. Auber, bien que dans un latin d'élégance peut-être un peu cléricale, et bien que, pour des oreilles aussi difficiles que celles de M. Auber, *logica est* ne doive guère présenter plus d'harmonie que *à assez*.

Enfin, puisque M. Auber me cite Malherbe et qu'il ne voit que l'enfer chez nous, je dirai qu'au moins je ne me suis point exposé à ce que M. Auber me dise, comme Malherbe mourant à son confesseur: « Votre mauvais français me dégoûterait du paradis »; et c'est toujours une consolation, tant pour M. Auber que pour moi.

Des choses que M. Auber comprend beaucoup plus qu'il ne les explique, je passe à quelques-unes de celles qu'il ne comprend pas. Le supplice de Servet peut-il s'appeler une circonstance? Je le crois. Cette circonstance peut-elle être complexe; l'est-elle en effet? M. Auber ne le nie pas. La présence de Servet à Genève en fait-elle partie? Sur ce point, M. Auber n'élève pas de difficulté. N'importe, M. Auber ne comprend *pas trop* qu'une *circonstance*, fût-ce celle d'un supplice, *se compose d'une présence*, fût-ce celle du supplicié. A cela que faire? Quant à moi, je n'y puis rien.

Ma lettre à M. Auber débute ainsi: « Monsieur, je n'ai l'honneur de connaître de vous que votre nom et votre titre, que je regrette de ne pas trouver l'un et l'autre à meilleure place. C'est le *Journal de la Vienne* qui me les apporte tous deux au bas de trois pauvres articles sur une plus pauvre publication, le tout ensemble ne valant guère la peine d'une réfutation, mais ne pouvant non plus, vu l'ignorance encore d'un certain public sur certains sujets, et la probité de certains lecteurs, qui leur en fait toujours supposer à certains auteurs la moitié plus que ces auteurs n'en ont, être absolument couvert de notre silence. »

A ce début M. Auber ne *comprend* encore *rien, si ce n'est le coup de pied au Journal de la Vienne*. Qu'on juge d'après cela si c'est à moi qu'il faut apprendre à écrire le français, ou à M. Auber qu'il faut apprendre à le lire. Qui se serait douté; qui, excepté M. Auber, se doutera que ce que j'ai mis en cause est le *Journal de la Vienne*, et

(1) En disant qu'il n'en parle pas non plus, M. Auber infirme les *autorités* qui en parlent, et admet que Calvin a été calomnié.

que ce que j'ai mis hors de cause, ce sont les trois pauvres articles sur une plus pauvre publication?

J'ai désigné Calvin par les mots de *réprouvé de Noyon*, et M. Auber appelle cela mon style. De qui trouvez-vous que ce style rende la pensée, de M. Auber ou de moi? Je ne ferai plus d'emprunts, j'allais dire, je ne ferai plus ma cour à M. Auber ni aux siens. Rousseau avait vraiment raison, la vertu du souverain est le fléau des courtisans.

J'ai dit que Calvin avait bien pu être calomnié quand Jésus-Christ avait été crucifié, et M. Auber, en transcrivant ma phrase pour la critiquer, met mon *quand* en grandes majuscules au milieu de je ne sais combien d'italiques. Ma pensée, en cet endroit, m'avait paru si simple, et, par suite, tellement claire, que je n'ai su d'abord si ce n'était point une leçon d'histoire que M. Auber voulait me donner, s'il ne m'avait point supposé l'intention de présenter les deux faits dont je parlais comme portant une même date, et j'allais lui demander s'il accepterait le vers de Racine :

> *Quand* vous me haïriez, je ne me plaindrais pas,

ou ceux de La Fontaine à propos du mulet qui se vante de sa généalogie :

> *Quand* le malheur ne serait bon
> Qu'à mettre un sot à la raison,
> Toujours serait-ce à juste cause
> Qu'on le dit bon à quelque chose.

Mais, en relisant M. Auber, je crois apercevoir qu'il est surtout blessé d'un rapprochement. Quel est donc ce rapprochement? S'il y en a ici quelqu'un de blessant, il n'est pas de moi, mais de M. Auber; car enfin qu'ai-je dit? Que Jésus-Christ, qui, selon M. Auber et selon moi, ne méritait que des adorations, ayant été méconnu jusqu'à être crucifié, Calvin, qui n'était qu'un homme et n'a jamais été donné que pour un homme, pouvait bien être méconnu jusqu'à être calomnié sans qu'on dût s'étonner de cette calomnie; ce qui, dans mon intention, faisait tout au plus un rapprochement entre ceux qui calomnient Calvin et ceux qui ont crucifié Jésus-Christ, non entre Jésus-Christ et Calvin eux-mêmes, et ce qui n'était que la reproduction, en d'autres termes, de cette pensée de Jésus-Christ prédisant des persécutions à ses disciples, et voulant les affermir par l'exemple de celles qu'ils lui voyaient supporter : *S'ils font ces choses au bois vert, que ne feront-ils pas au bois sec?* M. Auber pouvait donc garder pour d'autres que moi son accusation d'*insigne blasphème* (p. 38). J'ai si peu mis Jésus-Christ et Calvin sur la même ligne, j'ai si peu fait de l'un le vicaire de l'autre, que si j'ai appris quelque chose de Calvin, c'est le blasphème qu'il y a dans la prétention de mettre certains hommes à la même place que Jésus-Christ, et de créer ainsi des espèces de dieux suppléans.

Et puisque nous en sommes aux rapprochemens, je dirai que s'il y en a un d'inconvenant, c'est celui que fait (*ibid.*) M. Auber entre ses prétendues autorités et nos Evangiles. Je ne dirai point, comme M. Auber, qu'ici le mot inconvenant est *modeste*, parce que, quand on est modeste, c'est pour soi qu'on l'est; mais je dirai bien qu'il est modéré, parce qu'on peut être modéré pour autrui.

Il est une chose que j'aurais voulu passer sous silence ; mais je ne le puis pas. M. Auber a imprimé, en toutes lettres, que la réponse faite à ses articles avait coûté *neuf mois* d'un travail *assidu* (1). En soi, c'est là quelque chose d'assez peu important; mais on va voir quelles circonstances s'y rattachent.

Les articles publiés par M. Auber dans le *Journal de la Vienne* sont des 20, 22 et 24 avril de l'année dernière, et ce n'est qu'un mois après qu'ils me furent transmis. Pour notre compte, nous les eussions laissés passer comme ceux du même auteur sur Luther, parce que tout cela ne nous apprend rien, parce que cela ne peut amener la solution d'aucune difficulté sérieuse ; et nous songeâmes seulement à y répondre lorsque des hommes à l'opinion desquels nous tenons, auraient pu nous en croire embarrassés. Au milieu d'occupations de plus d'une sorte, la brochure de 56 pages prit un peu moins de quinze jours de travail, non pas neuf mois; et l'imprimeur de M. Auber ne peut avoir oublié qu'en juillet 1841, ou même en juin, si j'ai bonne mémoire, il avait pris l'engagement d'imprimer une réponse de moi à M. Auber. Quand mon manuscrit lui fut remis et qu'il l'eut parcouru, ses bonnes relations avec M. Auber lui firent refuser d'y apposer son nom d'imprimeur, et l'engagement d'imprimer fut changé en une promesse de simple annonce dans le *Journal de la Vienne*. Dès lors il me fallut songer à d'autres presses, et, pour en chercher, correspondre de nouveau. Cette circonstance, dont je ne fais un reproche à personne, mais qui, comme on le voit, tient à M. Auber beaucoup plus qu'à moi ; les engagemens du nouvel imprimeur choisi, et, pour moi, un déplacement obligé de six semaines, ont fait perdre du temps comme on sait que le temps se perd quand il faut traiter à cent lieues de distance ; et voilà ce que M. Auber appelle un travail *assidu* de neuf mois, bien qu'il n'y ait pas même neuf mois de la publication de ses articles à la réponse qu'il m'a faite (2). Est-ce M. Saurin qui a ainsi, de plein gré, laissé passer sous ses presses ce dont le contraire lui était si bien connu? Non pas apparemment : où est son intérêt à prendre sur lui une fausse assertion qui ne pouvait demeurer sans réponse ? J'en suis donc très fâché pour M. Auber. Non seulement de semblables moyens de défense ne relèvent la considération de personne ; mais ils ne profitent à personne. Ce n'est pas seulement la dignité qui en souffre ; le calcul même en est mauvais. M. Auber, qui parle de moyens de bas lieu, donnera-t-il celui-ci comme venant de bien haut, et croit-il beaucoup grandir *ses témoignages oubliés* par la preuve qu'il donne ici de sa véracité propre?

(1) Il serait peut-être plus exact de dire que M. Auber a eu six mois pour préparer son *Essai de critique*.

(2) Les articles de M. Auber sont des 20, 22 et 24 avril 1841, et sa réponse à ma lettre, du 8 janvier 1842 : neuf mois moins 16 ou 12 jours. Suivant M. Auber, neuf mois ne rendraient pas raison de ce qui fait l'objet de sa critique, si l'on ne suppose en même temps une *commission* à l'œuvre pendant ces neuf mois. M. Auber se trompe. Personne ne se chargerait de démontrer ce qu'il dit avec la pièce que je lui ai fournie ; mais tout le monde se chargerait de démontrer que, pour répondre à M. Auber, il n'est besoin ni d'une commission, ni d'un travail de neuf mois. En cherchant à nous grandir, M. Auber est peut-être passé à côté de la modestie. M. Auber ne devait pas oublier qu'il était partie dans notre cause.

Je ne me plains qu'à demi des citations, faites par M. Auber, de la lettre que je lui ai adressée; l'ordre de ses idées diffère tellement de celui des miennes, qu'aucun arrangement de mots ne me ferait parler français pour lui. Je dirai seulement que M. Auber m'a moins cité que travesti, et que ceux qui voudront juger ma pensée doivent la chercher dans ce que j'ai écrit, non dans ce que me prête M. Auber.

M. Auber me demande si je connais l'édition de Bayle de 1734.— A mon tour, je demanderai à M. Auber s'il pense que M. Ampère la connaisse. Or, de M. Ampère et de M. Gérusez, dont il ne nie pas les *titres scientifiques*, M. Auber dit, en propres termes (p. 38), qu'ils *n'entendent rien* à l'histoire des papes et de Calvin, et que l'*Univers* prouve cela tous les jours à M. Ampère. Vous voyez donc bien que j'aurais pu éditer le Bayle de 1734 sans que M. Auber et moi en fussions plus avancés. Mais alors, direz-vous peut-être, pourquoi la question de M. Auber, ou du moins pourquoi y attacher tant d'importance? Pourquoi? — parce qu'il faut tirailler quand on ne peut pas se battre; parce que, pour M. Auber, c'est gagner du temps que d'en perdre, et qu'un incident qui ferait oublier la question principale est une bonne fortune que M. Auber cherche bien, mais ne trouve pas toujours.

Il y a quelquefois un grand inconvénient à juger des autres par soi-même. Parce que M. Auber n'a pas craint de dire que j'avais mis neuf mois à lui répondre quand il savait que je n'y avais pas mis neuf mois, et quand il pouvait savoir que j'en avais mis moins d'un, il a supposé que j'avais fait passer Bayle sous une périphrase parce que j'aurais eu honte de le nommer. Si j'avais eu honte du nom, j'aurais eu honte du témoignage, et je n'ai pas, moi, assez besoin de me cacher pour m'exposer à être si facilement découvert. J'ai cité Bayle parce que son témoignage valait pour moi, et, en tout cas, parce qu'il est un peu plus connu que les autorités de MM. Auber et Audin. En le désignant par la périphrase de *biographe célèbre*, je n'ai pas fait autre chose que ce que font ces messieurs quand ils désignent leurs auteurs par celle de *témoignages oubliés;* et si j'ai négligé de mettre en note le nom de Bayle, c'est que ce nom-là peut s'en passer, tandis que les autorités de MM. Auber et Audin ne le peuvent pas. Il n'y a pas plus d'identité ici entre la position de MM. Auber et Audin et ma position, qu'il n'y en a entre *oublié* et *célèbre*. J'ai usé d'un droit en sous-entendant le nom de Bayle. Je dirais que MM. Auber et Audin ne font que remplir un devoir quand ils nomment quelques-unes de leurs autorités, si, avec ces autorités-là, le premier devoir n'était pas de ne leur rien demander, et le second, de renoncer à leur prêter un appui qu'on leur demande en vain. Qui saurait de quels auteurs veulent parler MM. Auber et Audin, s'ils ne les nommaient pas; et, après qu'ils les ont nommés, qui le saura encore?

Si l'épiscopat français signait le livre de M. Audin, il en prendrait sur lui tout le contenu. J'ai dit qu'il ne le ferait pas, pour deux motifs. Le premier, c'est que je crois qu'il se respecte trop; le second, c'est que, s'il le faisait, la question acquerrait une autre importance, et pourrait amener une polémique au devant de laquelle le Catholicisme n'ira pas. M. Auber lui-même ne songe point à porter la sienne dans une région trop haute, et s'il était évêque, il n'eût pas écrit tout ce qu'il a écrit; il n'a pas tant spéculé sur l'ignorance d'autrui, qu'il n'ait un peu compté sur son obscurité propre. — On me dit que le pape a fait complimenter M. Audin. Je voudrais savoir s'il l'a lu. — On me dit que M. de Ravignan l'encourage. D'encourager à signer, il y a loin. — On me dit qu'au congrès scientifique de Lyon, il a été fait des lectures des ouvrages de M. Audin. Je ne demanderai pas dans quelle section, ni comment cette section était composée; mais je dirai que si elle ne comptait pas seulement des ecclésiastiques ou des personnages dignes de l'être, on n'a pas choisi, pour ces lectures, l'objet le moins agréable de discussion entre M. Auber et moi. C'est un mot bien gros ici que celui de *congrès scientifique*. Quant à ce que dit M. Auber, qu'il n'a point été repris par ses supérieurs, je réponds que, la chose fût-elle, elle ne prouverait pas plus que ce qui précède; que, ne fût-elle pas, ce n'est pas le public qu'on eût pris pour confident de ce qui serait, et que je n'ai jamais ni accusé ni soupçonné M. Auber de ne pouvoir garder un secret quelconque. Je maintiens donc mon assertion, que le livre de M. Audin ne serait pas signé par l'épiscopat français. Je la maintiens, non comme un défi, car je sens à combien peu de chose ce défi peut mener, mais comme un motif de réflexion pour MM. Auber et Audin; et je la maintiendrais à toute espèce de titre, le jour où il y aurait lieu.

Je ne sais vraiment pourquoi M. Auber me reproche de m'être adressé à lui, au lieu de m'adresser à M. Audin. Si ce dernier nom ne se trouve pas sur la couverture de ma lettre, n'est-il pas assez dans cette lettre même? Ai-je empêché M. Audin de se mettre de moitié avec M. Auber pour la réponse à me faire, ou même de faire cette réponse tout entière pour M. Auber, si cela leur convenait à tous deux? Je me suis adressé à M. Auber parce que les articles que j'ai reçus étaient signés l'*abbé Auber*, et, si M. Auber le veut absolument, parce que, n'y eût-il que la différence des robes, son nom a une autorité ou une signification que celui de M. Audin n'a pas. Y a-t-il donc un si grand crime à s'arrêter pour M. Auber, quand on ne s'arrêterait pas pour M. Audin; et si les nom et titre du premier importaient si peu, pourquoi les tant mettre en évidence? Je concevrais tout au plus une plainte comme celle de M. Auber dans la bouche du libraire ou de l'imprimeur.

M. Auber veut absolument que M. Audin soit venu compléter la science de Bossuet et d'Arnaud. Soit..... pour M. Auber. Je me permettrai seulement une question. Avec certains auteurs païens, on prouverait que les premiers chrétiens immolaient un enfant dans les catacombes, et on prouverait avec Tacite même qu'il n'y a là rien de si improbable, puisqu'on prouverait qu'il n'y a pas autre chose dans le christianisme qu'une *exitiosa superstitio*. Avec les livres des juifs mieux interprétés, Voltaire prouvait que les juifs étaient anthropophages, et Dupuis ne manquait pas plus d'autorités et d'argumens pour convaincre toute la chrétienté d'avoir adoré le soleil en croyant adorer Jésus-Christ, que Boulanger pour établir que tous les prêtres ont été des intrigans, des tyrans et des fourbes. Dans tout ceci, on ne manquerait pas de *témoignages oubliés* à produire : M. Auber l'accepterait-il pour de l'histoire? Eh bien, j'ai dit et je répète que MM. Audin et Auber font ainsi de l'histoire quand ils veulent charger Calvin d'une infamie. J'ai dit que nul pape n'avait fait ce que font MM. Auber et Audin, et que ni Bossuet ni Arnaud, ni rien de ce qui sort de la médiocrité dans le catholicisme, ne l'ont fait. J'ai ajouté que l'épiscopat français ne le ferait pas, et, sur ces divers points, j'attends un démenti qui en vaille la peine.

M. Auber essaie de se cacher derrière une équivoque que je ne lui laisserai pas. Tous les jours, dit-il, on refond l'histoire, et, pour la refondre, on va chercher des témoignages oubliés. Oui, mais des témoignages qu'aucun homme puissant n'avait intérêt à connaître : en est-il de même de ceux qui regardent Calvin ? La réputation des grands hommes du catholicisme, dit M. Auber, n'était pas attachée à la découverte des monumens recueillis par M Audin. Mais leur intérêt, M. Auber, leur intérêt l'était-il, oui ou non, et, dans ce moment, ne songez-vous qu'à votre réputation, M. Audin et vous, bien que ce ne soit pas une réputation de grands hommes ?

M. Auber porte la peine de son faux système. Lisez certains passages de son essai : M. Audin n'est qu'un antiquaire inoffensif, maltraitant tout au plus Calvin comme un autre auteur *romain* (la comparaison ne pèche point précisément par excès de modestie) maltraiterait Tibère ou Caracalla, sans qu'aucun tiers ait autrement à s'en plaindre ; et M. Auber, un homme qui en veut à un mort, sans songer le moins du monde aux vivans. Mais lisez tout au long M. Audin ou M. Auber, et vous verrez sans cesse des inductions tirées de Calvin à la réforme : serait-ce pour qu'il n'en fût tiré aucune de la réforme aux réformés actuels ? Apparemment, M. Auber s'attend à ce qu'on nous juge d'après nos principes. Si donc il fait dépendre nos principes de Calvin, il nous porte tous les coups qu'il porte à Calvin, et nous calomnie s'il le calomnie; établir une descendance fatale, une espèce de péché originel de Calvin à la réforme, c'est l'établir de Calvin à nous. Je vois bien que M. Auber ne veut pas tirer certaines conséquences du principe qu'il pose; mais ceux qui les ont autrefois tirées posaient-ils un autre principe que M. Auber ? Pour nous détacher de Calvin dans les discussions, il ne faudrait donc pas commencer par rattacher à tout prix, et contre toute justice, nos doctrines à Calvin. Si on voulait bien reconnaître ce que Calvin et nous n'avons cessé de répéter, mais ce qu'on feint toujours de ne pas comprendre, à savoir, que les protestans relèvent de Jésus-Christ, de l'Evangile, et chacun d'eux de sa propre conscience, non de la conscience de Calvin, nous n'abandonnerions point Calvin quand on l'attaquerait, mais nous pourrions mettre beaucoup plus de modération dans notre défense. Pourquoi ? parce que alors on ne se donnerait pas tant de peine pour déterrer de vieilles calomnies contre Calvin. M. Auber n'ignore pas ce que Voltaire voulait aux gens de sa robe quand il attaquait si passionnément les juifs dans le dernier siècle. Je le répète : où est la différence entre la méthode historique de Voltaire (supposé qu'elle fût la sienne, qu'elle n'appartînt pas aux jésuites qui l'avaient élevé) et celle de MM. Auber et Audin ? Ce que ces messieurs vont demander au passé pour nous, est-ce des préventions ou de la justice ? Et, il y a vingt ans, aux grands applaudissemens de M. Auber sans nul doute, M. de Lamennais s'en prenait à toute l'humanité dans sa raison, comme MM. Auber et Audin s'en prennent à toute la réforme dans ses deux hommes les plus marquans. Quelle est donc cette étrange condition du catholicisme, de se sentir menacé dès qu'on supposerait un peu de sens moral ou un peu de sens commun à côté de lui?

Je ne sais si c'est distraction ou trouble; mais M. Auber (p. 18, l. 10) dit évidemment le contraire de ce qu'il veut dire (1). Quoi qu'il en soit, quand on fait inventer à Genève, par Calvin, les tortures auxquelles Servet était soumis à Vienne, pour, bientôt après, faire remonter notre jury à l'inquisition, je ne vois pas pourquoi on ne ferait pas envoyer des tortures de Genève à Madrid, et pourquoi on ne ferait pas de Calvin l'inventeur de l'inquisition même. En cherchant bien, M. Audin doit trouver quelque *témoignage oublié* qui établira cela. Et vraiment je serais tenté de le désirer, M. Auber ne défendrait plus l'inquisition peut-être.

Suivant M. Auber (p. 27), *personne* n'a encore sérieusement pensé que le catholicisme eût fait assassiner Henri IV, ou qu'il eût aidé Charles X à tomber. Vous voyez bien que j'invente les accusations comme l'homme de Noyon inventait les tortures, et qu'en conséquence, il est tout aussi évident que j'ai mis neuf mois à répondre à M. Auber, qu'il l'est que Calvin a été flétri. Cependant, est-il ou n'est-il pas vrai que l'image de l'assassin de Henri III ait été placée sur des autels avec ces mots: *saint Jacques Clément, priez pour nous?* C'est une chose qu'affirme, entre autres, le *Journal général de l'Instruction publique* du 1er septembre 1836, et je ne sais si M. Auber lui accordera aussi peu de science historique qu'à moi. Peut-être, lui, connaît-il l'édition de Bayle de 1734.

Il est aussi on ne peut plus évident, et c'est d'ailleurs une chose qu'on sait *de toutes parts*, que les protestans ont mille fois torturé le *sens*, *l'expression*, *l'ensemble* et les *détails* de la Bible (p. 27). J'avertirai seulement M. Auber que son confrère de Laparade (Lot-et-Garonne), qui n'incriminait une de nos traductions que sur cinq points, a provoqué à ce sujet une conférence qui refroidirait peut-être un peu l'amour que M. Auber paraît porter aux conférences, s'il en connaissait bien le résultat (2).

(1) On trouvera un exemple fort approchant p. 9 — 10, où, s'il est bien sûr que M. Auber ne fait pas un second miracle des cinq pains ou des douze poissons, qu'il ne forme pas douze in-4° à deux colonnes avec deux *volumes* de 56 page in-8°, sa phrase établit que les douze in-4° devraient se payer un franc parce que les 56 pages in-8° coûtent 50 centimes. Sur ce dernier point il n'y a pas d'équivoque possible, puisque M. Auber parle de payer aujourd'hui un travail qu'il suppose fait depuis trois ans. Quelle échelle proportionnelle, M. Auber, vous laissez là tomber de votre *pochette*, et comme cela ressemblerait à un solécisme ou à une langue inconnue, si cela ne venait de vous!

(2) M. Auber a demandé au pasteur de Lusignan une conférence particulière pour vérifier s'il y avait eu deux *Jean Calvin* ou un seul. M. Auber accepterait-il une conférence *publique* sur le *fond* de nos doctrines respectives? Il ne veut pas même s'engager avec moi, par écrit, dans cette question; il entend que notre discussion ne sorte pas d'une vieille calomnie relative à Calvin, et qu'elle se termine bien vite, aussitôt que nous nous serons traînés sur cette calomnie. C'est-à-dire que M. Auber veut tout ce qui peut faire perdre du temps, et rien de ce qui en ferait gagner. Dans le langage de M. Auber, cela s'appelle préférer la modération de M. Souché à ma rudesse. Dans le vrai, sans révoquer en doute la modération de M. Souché, c'est préférer une question oiseuse ou plus facile à embrouiller, à une question nette et sérieuse. Que chacun suive son chemin, M. Auber, et que Dieu nous juge tous.

La prétention du catholicisme est d'avoir une succession *non-interrompue* de papes ; et il la lui faut, puisqu'à ses yeux la Bible même n'a pas de vérité sans l'intermédiaire du pape. D'après ce principe, j'ai demandé à M. Auber ce qu'il faisait d'Alexandre VI. M. Auber m'abandonne Alexandre VI, et même d'autres papes; mais il prétend qu'il n'y a aucuue induction à tirer de là contre le catholicisme.

Le principe du protestantisme, c'est que tout homme a ce qu'il faut pour recevoir la Bible, aucun ce qu'il faut pour l'imposer, et, par conséquent, que le protestantisme doit être jugé d'après la Bible et la raison, la conscience, non d'après ce qu'a pu être ou penser tel ou tel homme. Suivant M. Auber, il suffirait que Calvin eût été flétri pour que le protestantisme dût être répudié.

On conviendra que si cette logique manque de rigueur, elle ne manque pas de souplesse.

A côté de ses mauvais papes, le catholicisme, dit M. Auber, en a de bons, et en bien plus grand nombre. — Je ne dis pas à côté, mais au-dessus de tous les papes bons ou mauvais, les protestans ont Jésus-Christ et les apôtres. Cela suffit-il à M. Auber ou ne lui suffit-il pas?

Les mauvais papes, dit M. Auber, n'avaient pas prétendu faire une religion nouvelle pour abriter leur inconduite et leurs crimes. Serait-ce que l'ancienne de M. Auber leur eût suffi?—Mais Calvin a si peu prétendu faire et a si peu fait une religion nouvelle, qu'il s'est borné à dégager l'Evangile des nouveautés païennes sous lesquelles le catholicisme l'avait noyé. N'importe, il faut que Calvin ait fait une religion nouvelle. S'il ne le faut pas pour la vérité, il le faut pour M. Auber, et vous n'obtiendrez pas plus de M. Auber la reconnaissance exacte et franche de ce qu'a voulu faire Calvin en religion, que celle de ce qu'il a lui-même été en fait de mœurs.

M. Auber prétend que lui et M. Audin doivent à quarante-deux autorités protestantes les faits sur lesquels ils ont basé leurs accusations contre Calvin. Distinguons. Pour la flétrissure qu'ils imputeut à Calvin, M. Auber ne cite (p. 20) qu'une autorité plus que suspecte comme autorité et comme protestante, et un discours (de 1839) qui, pour être meilleur catholique, n'en vaut guère plus comme autorité. Ceci est loin de composer quarante-deux autorités protestantes, même en admettant qu'à l'exemple du desservant de Laparade qui se borne à dix autorités, lui, le discours de 1839 en allât chercher au fond de la Pologne pour éclaircir un événement particulier de la ville de Genève. Quant au fait matériel du supplice de Servet, à quoi bon se mettre en quête d'autorités lorsque chacun de nous en servirait au besoin? Quant au caractère propre de ce fait, aux conséquences à en tirer contre nous ou à n'en pas tirer contre le catholicisme, M. Auber n'a pas une seule autorité protestante, et M. Audin et lui sont loin d'en tenir lieu.

Pour avertir M. Auber de la voie dans laquelle il s'engageait, je lui ai dit que le protestantisme se résumant dans la liberté et la Bible, je ne pensais pas que ce fût à la Bible que M. Auber en veut, et que notre dogme de la liberté était passé dans les institutions politiques de la France. A cela, écoutez la réponse de M. Auber. — « Une religion (dit-il, p. 43), ou tout ce qu'on dit en être une, a toujours mauvaise grâce *de* (1) se mettre à la remorque des gouvernemens de la terre. » Ne trouvez-vous pas que M. Auber a lui-même bonne grâce à me dire que j'aime mieux répondre à ce qu'il ne dit pas qu'à ce qu'il dit ? C'est ainsi que, pour se donner le plaisir de me faire tomber dans la diatribe, il veut bien prendre pour lui seul ce que j'ai très évidemment dit de tous les catholiques de France, quand j'ai parlé de la position catholique vis-à-vis du gouvernement de Juillet. M. Auber est tellement préoccupé de biographie et croit cette partie tellement indispensable au soutien d'une cause, qu'il ne comprend pas que j'attaque ses principes sans songer à le traiter, lui, comme il traite Calvin. Je vais donc tâcher de lui retraduire ma pensée, en français peut-être, cette fois, car ce que je vais lui indiquer n'est pas de ma façon. Dans le *Journal des Débats* du 9 janvier 1842, il pourra trouver l'ordonnance de rétablissement de l'archevêché de Cambrai, et, dans cette ordonnance, après la formule : « La Bulle (du pape) est reçue et sera publiée dans le royaume », les paroles que voici :

« Art. 3. Ladite bulle est reçue sans approbation des clauses, réserves, formules ou expressions qu'elle renferme, et qui sont ou pourraient être contraires à la charte constitutionnelle, aux lois du royaume, aux franchises, libertés et maximes de l'Eglise gallicane. »

Cela veut-il dire, oui ou non, que le catholicisme marche aujourd'hui dans un sens, et le gouvernement français dans un autre ? Est-il besoin de se mettre à la remorque des gouvernemens pour signaler un fait de cette importance, pour dire qu'il mérite l'attention de tous les catholiques qui ne sont pas entièrement aveuglés ? Et si M. Auber ou tout autre était tenté de s'en prendre à l'hérésie du gouvernement, qu'il relise l'article d'ordonnance que je viens de citer, il verra que le gouvernement ne fait pour la France civile de nos jours, que ce que Bossuet faisait pour la France catholique il n'y a pas encore deux cents ans, et, probablement, que ce que fait aujourd'hui M. Auber lui-même, qui ne tient pas moins à la

(1) Je crois qu'on dit, en français : avoir mauvaise grâce *à*, et non avoir mauvaise grâce *de*; que la première de ces prépositions suit de préférence le verbe *avoir*, la seconde le verbe *être* dans une grande série de locutions où ces deux verbes entrent, et que M. Auber, qui en veut tant aux solécismes, n'eût pas mis ici un *de*, si ce n'eût été pour éviter d'avoir deux *à* même à deux mots de distance. Je conçois maintenant la peur qu'un hiatus fait à M. Auber. Mais il a manifesté une égale peur pour les duretés de consonnance ; et puisque, dans la phrase que j'examine, il ne pouvait éviter trois *à* ou trois *de*, peut-être eût-il mieux valu, dans le système grammatical de M. Auber, ou prendre une autre tournure, ou conserver la préposition qui l'eût le mieux fait parler français. Serait-ce le système théologique de M. Auber qui aurait fait invasion dans son système grammatical, et M. Auber est-il catholique trop convaincu pour, en cas de conflit, ne pas sacrifier le fond à la forme ?

Si quelqu'un a dit : avoir mauvaise grâce *de* (comme on dit s'occuper *à*, et s'occuper *de*, non absolument dans le même sens), c'est en quittant l'idée de grâce, qui ne sort pas de la forme, pour passer à celle de culpabilité, et de culpabilité grave, qui tient essentiellement au fond. Avoir mauvaise grâce *de*, revient alors à : être coupable *de*; c'est un euphémisme introduit, une inexactitude laissée dans le langage pour faire passer plus sûrement la sévérité de la pensée, une attention donnée à la personne pour conserver plus de liberté avec le fait. Oui ; mais cela suppose des circonstances et un ton presque solennels, c'est-à-dire, rien de ce que vous trouverez avec M. Auber.

France qu'au pape, et n'est pas à ce point auteur *romain*, qu'il ne serait plus prêtre gallican. Je ne pense pas que Bossuet eût demandé des franchises, des libertés contre Jésus-Christ; mais il en demande contre son vicaire, et on peut juger par là comment il le tient pour vicaire de Jésus-Christ. Je n'ai point entendu dire que le gouvernement fit des réserves contre la Bible; mais il en fait, et publiquement, contre le pape ou contre le système représenté par le pape. Avec la moitié des peines qu'ils se donnent pour tâcher de flétrir Calvin, MM. Audin et Auber trouveraient donc de bien autres témoignages, oubliés ou non, des progrès de l'hérésie en France, et je ne puis assez les engager à donner une nouvelle direction à leurs recherches, si, comme ils veulent que nous le pensions des grands hommes du catholicisme, ils ne songent qu'à leur réputation, et à une réputation d'historiens.

Je citerai à M. Auber un dernier fait qui ne m'exposera pas à ses leçons d'histoire. Non pas vis-à-vis du gouvernement, mais vis-à-vis d'un simple journal, le *Journal des Débats*, quelle a été récemment l'attitude de l'évêque de Chartres? Il s'est beaucoup réclamé de l'Evangile: du pape, M. Auber voudrait-il nous dire combien de fois? Ainsi le gouvernement, après Bossuet, fait ses réserves contre le pape; dans une discussion publique sur le catholicisme, et avec des catholiques, l'évêque de Chartres n'en parle pas, et MM. Auber et Audin entreprennent de nous ramener, nous protestans, au pape; et leur moyen pour accomplir cette œuvre, est d'essayer de flétrir Calvin; leur moyen, de flétrir Calvin, de demander à la fange du passé des témoignages abandonnés par Bossuet, Arnaud, Richelieu et tous les papes! N'est-ce pas le cas de dire: *quos vult perdere, Jupiter cæcat* (1)?

M. Auber paraît peu jaloux de poursuivre notre correspondance. Je n'insisterai pas plus que lui: nos motifs ici peuvent varier sans que nos désirs cessent de se fondre. M. Auber a cru me devoir plus d'une leçon qu'il aurait pu prendre, et n'a pas assez craint de se peindre en me jugeant. Il a prononcé un grand mot, celui de convenances. Sur les convenances de choses, je pourrais m'expliquer, non m'excuser. Quant aux convenances d'expressions, M. Auber m'accorde assez peu le talent d'écrire pour n'attendre de moi qu'une politesse en rapport avec le sujet que je traite, et ici je conviens sans peine que je pouvais être plus heureux. Celles de mes expressions qui ont blessé M. Auber, ont un bien autre tort que celui de n'être pas douces, c'est le tort d'être justes. Les moins douces de toutes ont un bien autre tort encore, c'est d'avoir été empruntées à M. Auber lui-même, et de n'être que celles qu'il destinait à Calvin. Je ne cherche pas si, dans la bonne société, on dit tout ce que j'ai dit à M. Auber; mais je sais bien, et j'ai peut-être prouvé qu'on n'y fait pas tout ce ce qu'il a fait.

M. Auber me dit que nous ne sommes pas faits pour nous manger. Je lui réponds que nous ne sommes même pas faits pour alimenter

(1) Pendant que j'écrivais ceci, l'archevêque de Toulouse faisait, contre le professeur de philosophie de la faculté des lettres de Toulouse, un mandement qui tient beaucoup de la manière dont l'évêque de Chartres discute avec le *Journal des Débats*.

le scandale, et que les circonstances au milieu desquelles nous vivons, non moins que nos fonctions respectives, ont assez de gravité pour que chacun de nous doive scrupuleusement s'abstenir de détourner à aucun intérêt particulier, ce qu'il peut apporter à l'utilité de tous. M. Auber m'impute d'avoir, et seul, suscité notre polémique. Que le public en juge; je serais très fâché que M. Auber eût dit vrai. M. Auber voudrait que je lui eusse déclaré une *bonne* et *loyale* guerre. Pour bonne, il serait peut-être difficile d'en trouver une qui nous parût telle à tous deux (1); mais loyale, elle l'a été au point qu'aucun protestant n'y eût songé, si M. Auber lui-même eût été loyal envers Calvin et nous. M. Auber prétend m'avoir donné la réponse que je lui avais demandée. Que le public en juge encore: je trouve, moi, qu'il n'a répondu à rien. Au surplus je lui accorde, et je reconnais tout aussi bien que lui, que son système ne lui permet pas de me répondre. Je dis son système, parce que, chez M. Auber et chez moi, le talent tient si peu de place qu'il ne peut mettre entre nous de distance sensible, et que pour nous tout gît dans la position. Mais alors j'aurais peut-être le droit de renvoyer à M. Auber, avec la modification d'un seul mot, l'épigraphe qu'il a empruntée à La Bruyère, — soit: « Le principe de toute *maladresse* est de n'avoir ni assez d'esprit pour bien parler, ni assez de jugement pour se taire », — ne fût-ce que pour avoir au moins une autorité sur laquelle M. Auber et moi ne disputerions pas.

M. Auber termine en abjurant tout ressentiment. Je lui réponds qu'il n'aura jamais un cœur aussi libre de fiel que le mien. Jamais je n'ai su haïr que la haine, et je trouve la vie beaucoup trop courte pour la dépenser à rien de ce qui la flétrit ou l'abaisse. Seulement, vis-à-vis de M. Auber, j'ai une précaution à prendre: c'est de chercher en lui le catholique qui tâche de parler *au cœur*, de satisfaire l'*esprit*, la *raison*, l'*imagination* même, pourvu que la raison n'en souffre pas; de vivre dans l'*exercice continuel* de la *charité* comme dans la pratique des *vertus* qu'il *recommande*..... (2), et d'oublier tout le plus que je pourrai les jugemens portés par M. Auber sur la réforme et sur Calvin. Cette précaution est pour moi un devoir, et M. l'abbé Auber peut compter que je ne la négligerai pas. Qu'il me permette une dernière observation de nature à ne blesser personne, et peut-être à faire réfléchir tout le monde.

Louis XIV avait dit: *Plus de protestans en France;* et pendant que

(1) Nous ne nous sommes pas plaints que M. Auber ou M. Audin eût fait une histoire de Calvin sans nous consulter, et il me semble que, pour nous, c'est à peu près la même chose de faire nos réclamations, quand nous en croyons avoir à faire, sans songer à traiter avec M. Auber ou M. Audin. Qu'il eût ou n'eût pas été bon de nous entendre, on ne peut nous blâmer de nous être directement adressés au public, quand on a commencé par s'y adresser directement. Apparemment MM. Auber et Audin ne s'attendent pas que nous leur reconnaissions un brevet spécial pour écrire l'histoire de la réforme, et leurs œuvres sur ce sujet ne nous paraissent être rien moins qu'un titre de possession.

Quant à ce qu'allègue M. Auber (p. 47), que ce n'est pas d'hier que datent ses études d'histoire, je réponds qu'autant en eussent pu dire Volney ou Dupuis, si ce n'est un peu plus; et, quant à la conscience irréprochable qu'il dit se sentir sur ce point, qu'à sa place, moi, je ne me la sentirais pas.

(2) Voir l'*Essai* de M. Auber (p. 44).

l'élève de Mazarin prononçait ce mot superbe, l'esprit et le principe protestans s'infiltraient dans une région bien autrement délicate pour lui, dans la politique. S'il est aujourd'hui un mot compris en France, c'est celui-ci : *Plus d'idées politiques à la Louis XIV*. — François Ier ne voulut ni de Luther ni de Calvin; mais ses descendans n'ont pas évité Voltaire. Or, de Voltaire à Luther quelle est la différence? C'est que l'un quitte le pape pour témoigner plus de respect à la Bible, et que l'autre attaque la Bible pour se débarrasser plus sûrement du pape. Voltaire vient si peu de Luther, qu'il n'est venu, ou qu'il n'a été ce qu'il a été, que parce qu'on avait refusé d'écouter Luther. Je ne demanderai donc pas aux catholiques s'il est bien ou mal de respecter le pape; mais je leur dirai : Qui peut avoir à gagner, chez nous, à ce qu'on fasse attaquer la Bible après l'avoir tenue sous clef, à ce qu'on la fasse méconnaître après avoir tout tenté pour empêcher de la connaître? — Si M. Auber devait encore m'écrire, je dirais cela tout particulièrement à M. Auber.

Sorèze, 7 février 1842.

POUPOT,

Pasteur-suffragant à Sorèze.

P. S. 19 *Février*. — J'apprends que M. Auber, en insistant sur la demande d'une conférence particulière avec M. Souché, pour vérifier s'il y a eu un Jean Calvin ou s'il y en a eu deux, persiste dans son refus d'une conférence publique sur les principes du catholicisme et ceux de la réforme. M. Auber ne nie pas l'existence du document catholique à lui indiqué par M. Souché; il dit seulement que, jusqu'à ce jour, ses recherches n'ont pu le lui faire découvrir, et il se rejette sur des considérations et des règles de critique ou qui ne mènent à aucune conclusion, ou auxquelles il ne manquerait pas de réponses. M. Auber que veut-il de M. Souché? Savoir si le livre de Levasseur existe? Il dit lui-même qu'il existe. Si M. Souché l'a lu? C'est pour accuser Calvin ou avant de l'accuser, qu'il eût fallu le lire, et M. Auber dit ne pas l'avoir lu. M. Auber demande pourquoi les auteurs protestans n'en ont pas fait plus d'usage ou de cas. C'est demander pourquoi, dans le catholicisme, on n'a pas fait plus d'usage et de cas des *témoignages oubliés* de M. Auber, auxquels le livre de Levasseur n'a jamais fait que nous servir de réponse. Aux auteurs qui en ont parlé, et que cite M. Auber, M. Souché joindrait-il Merle d'Aubigné pour apprendre à M. Auber que le Jean Calvin flétri était toujours demeuré bon catholique, et que, suffisamment chargé comme il l'était, c'est pour le mettre à couvert de l'accusation d'hérésie, que le bon chanoine de Noyon le distinguait de l'hérétique Calvin, sans songer qu'il mettait ainsi le dernier à couvert de l'accusation de flétrissure? M. Auber ne manquera pas de dire que Merle d'Aubigné est encore un auteur protestant, et qu'il faut s'en défier. Mais, à ce compte, les argumens de M. Souché ne prouveront pas davantage, car il est protestant aussi, et une conférence *au coin du feu* comme la voudrait M. Auber, ne serait bonne qu'à ce que M. Auber ne veut certainement pas, faire dire plus tard à M. Souché ce que M. Souché n'aurait pas dit. Pourquoi donc tant de mystère quand on ne veut éclaircir? L'histoire n'aura-t-elle pas toujours assez de points obs-s, sans en faire encore un d'une petite conférence particulière? y réfléchissant, M. Auber verra qu'il y a dans son amour persis-t du huis clos et l'importance qu'il donne à son point en litige, un ntraste qui s'explique mal.

A une chicane que nous cherche M. Auber, nous avons, et uni-ement pour prouver que nous ne reculions pas, offert de substi-r une question de principe; à une conférence *au coin du feu*, de ostituer une conférence devant le public. De ceci, M. Auber pa-t peu jaloux; suivant lui, ce serait chose *parfaitement inutile*, le blic *n'y comprenant jamais rien*. — Je n'en veux pas à M. Auber de pas mettre ici plus de franchise; qu'il ne m'en veuille pas d'en oir un peu plus que lui, et un peu pour lui. Chacun de nous a ses tifs que, tout inintelligent qu'il est, le public appréciera sans ne.

Si, devant le public du Poitou ou d'ailleurs, nous allions porter te question: « Entre un roi qui se pose avec ce principe: *l'état*, *t moi*, et un pape qui se résume avec cet autre principe: *la vérité*, *canal nécessaire de la vérité, c'est moi*; entre un roi qui dit: « Vous obéirez comme je vous commande, sans chercher plus de motifs à s actes que moi-même je n'en donnerai », et un pape qui dit: 'ous croirez, parce que je vous prescrirai de croire, et n'aurez de onté que celle que vous trouverez pour vous dans ma permis-n »; entre un roi et un pape dont chacun, dans sa sphère, prend fameuse devise: *Sic volo, sic jubeo, sit pro ratione voluntas*, où est différence? », le public comprendrait probablement, beaucoup eux que M. Auber ne veut lui donner l'occasion de comprendre, e, quant à la méthode, il n'y a pas là de différence du tout.

Si nous ajoutions: « Les rois qui parlaient ainsi, qui plaçaient r grandeur dans l'anéantissement des peuples, ne sont plus et ne iendront plus; et les papes qui mettent à la base de la religion néantissement des facultés de l'esprit et de la liberté humaine, it encore, parce que les papes, eux, ne changent pas », M. Au-pense-t-il que le public nous comprendrait?

Si nous disions: « L'électeur qui va déposer son vote sans consul-autre chose que sa conscience, et juger ainsi ceux-là même qui gouvernent, fait acte de liberté, non de soumission aveugle, de otestantisme politique, non de catholicisme politique; c'est parce il y a eu des protestans qu'il jouit de ce droit, non parce qu'il y u des papes », est-il bien sûr que le public ne comprendrait rien ela?

Et si nous ajoutions: « Le jour où, en France, l'indifférence re-ieuse ne protégera plus le catholicisme par l'ombre dont elle le ıvre; le jour où les Français éclairés attacheront aux affaires de igion l'importance qu'ils attachent aux affaires politiques, ce jour-l'immense majorité d'entre eux s'apercevra que depuis long-temps e était protestante sans s'en douter », M. Auber croit-il, ou non, 'on nous comprendrait? Il le croit comme tout ce qu'on craint. — nous ne manquerions pas d'autres choses à dire, beaucoup plus a portée du public que M. Auber ne voudrait le laisser supposer.

Que M. Auber craigne donc, il a de quoi craindre. Qu'il refuse une conférence publique sur les principes du catholicisme et ceux de la réforme, c'est son droit personnel, et peut-être son devoir de position; mais alors qu'il s'abstienne de vieilles rancunes et de provocations sans prudence. Qu'il défende son catholicisme avec le bien que ce catholicisme peut encore faire : moi qui ne crois ni à la confession ni à la messe, je ne crois pas davantage que le temps qu'on y passe quand on y croit, soit toujours le plus mal employé chez nous; mais que M. Auber abandonne et le sot préjugé qui fait demander si quelque chose de bon peut venir de Nazareth, et la méthode usée et sans honneur, d'insulter à la cendre des morts pour empêcher les vivans d'oublier leurs haines (1). Un pareil procédé ne demeurera pas toujours sans réponse; et quand on y répondra comme j'y ai répondu, M. Auber aura beau crier à l'inconvenance et se plaindre qu'avec lui on se fasse une arme de l'injure; pour le public qu'il honore de tant de dédain, et qui n'en est pas à sa première expérience de ces gens *à qui l'on ne peut dire leurs vérités sans qu'ils s'imaginent aussitôt qu'on les calomnie*, tout sera bientôt réduit à ce petit nombre de propositions : M. Auber a moins voulu discuter que voulu mordre; M. Auber a voulu mordre, et M. Auber a du fer dans les dents. — Et ce qui m'arrivera ici avec l'abbé Auber, m'est arrivé avec l'abbé Guyon, sans qu'avec l'un, plus qu'avec l'autre, j'aie recherché l'occasion d'un triomphe beaucoup trop facile pour mériter même le nom de triomphe.

(1) M. Auber, qui croit à une flétrissure de Calvin, ne croit-il pas à la ligue de Passau? et si vous lui parlez, à lui qui s'incline devant Harennius, du vice-chancelier du duc Georges, qui a pourtant obtenu la confiance des historiens, il vous dira que *quand on n'est pas aveuglé par l'esprit de parti*, le témoignage d'Othon Pack ne vaut que comme une de ces *fables qui naissent toujours si à propos, quand on a besoin d'entretenir ou de soulever les haines populaires.* (Vie de Luther, par M. Audin, tome II, p. 125-126.)

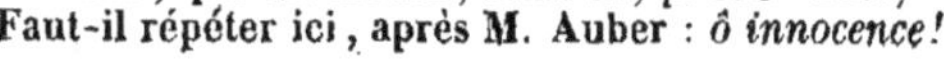
Faut-il répéter ici, après M. Auber : *ô innocence!*

Poitiers. — Imprimerie de DÉPIERRIS, en face de l'Hôtel-de-Ville. 16

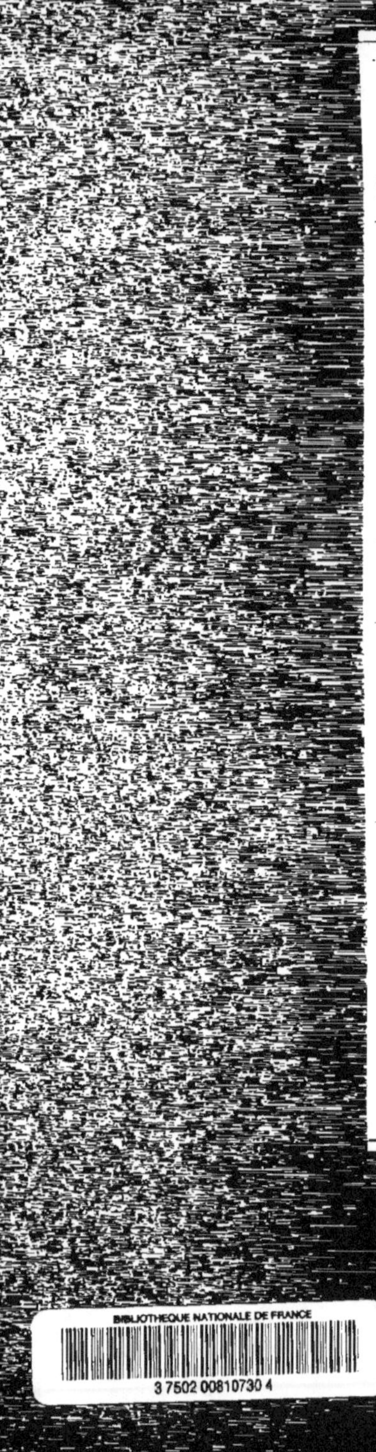

www.ingramcontent.com/pod-product-compliance
Lightning Source LLC
LaVergne TN
LVHW010258230826
846091LV00007B/3044
9782011772060